LES ÉMIGRÉS

PEUVENT-ILS OPPOSER LA PRESCRIPTION A CEUX DE LEURS
CRÉANCIERS DONT LES TITRES SONT ANTÉRIEURS A
LA CONFISCATION ?

IMPRIMERIE ANTH^e. BOUCHER, RUE DES BONS-ENFANS, N°. 34.

LES ÉMIGRÉS

PEUVENT-ILS OPPOSER LA PRESCRIPTION A CEUX DE LEURS CRÉANCIERS DONT LES TITRES SONT ANTÉRIEURS A LA CONFISCATION?

OU

LA LOI DU 27 AVRIL 1825 A-T-ELLE RELEVÉ DE LA PRESCRIPTION QUI AVAIT COURU CONTRE EUX, LES CRÉANCIERS DES ÉMIGRÉS DONT LES TITRES SONT ANTÉRIEURS A LA CONFISCATION?

PAR M. ALLIER, AVOCAT.

A PARIS,

CHEZ L'AUTEUR, RUE DES JEUNEURS, N°. 12;

ET DELAFOREST, LIBRAIRE, RUE DES FILLES-ST.-THOMAS, N°. 7.

1825.

AVANT-PROPOS.

Lorsque parut la loi du 27 avril, l'intérêt et l'esprit de parti persuadèrent à des hommes diversement intéressés dans son application, que la jurisprudence de la loi du 5 décembre 1814 allait totalement changer, qu'un ordre de choses fixe et déterminé remplaçait un état qu'ils considéraient comme purement provisoire ; en un mot, que la cour de cassation allait être forcée de réformer elle-même ses arrêts. Des jurisconsultes recommandables embrassèrent cette opinion, sans qu'on pût s'expliquer pourquoi ; et tous ceux qui considèrent la cour suprême comme le *palladium* de nos libertés, s'affligèrent de voir sa science profonde taxée d'erreur, son impartialité constante, d'obstination à suivre tels ou tels antécédens établis par elle. J'eus alors l'idée de publier mon opinion sur les modifications que pouvait avoir apportées la loi du 27 avril à toutes les lois de restitution. Je trouvais véritablement étrange qu'un avocat à la cour de cassation fît *sans preuve* le procès à ses juges. Un prêtre de l'antiquité niant la prévision de l'o-

racle qu'il desservait, ne m'eût pas paru plus
inconséquent. Cependant le mal, ou plutôt
l'incertitude, a été de courte durée; et une
nouvelle sanction de la jurisprudence est ve-
nue dissiper ces espérances litigieuses, ces
grands préparatifs d'argumentation subtile,
dont la loi d'indemnité avait été plutôt le pré-
texte que la cause.

J'ai donc renoncé à un projet désormais sans
but. Toutefois, soit en m'occupant de ce tra-
vail, soit en répondant aux diverses difficultés
qu'on a bien voulu me soumettre, soit enfin en
travaillant au *Manuel de l'Émigré*, j'avais traité
une foule de questions qui conservent tout leur
intérêt, indépendamment des rapports que peut
avoir avec la loi du 5 décembre 1814, celle du
27 avril dernier. Dans le nombre, une surtout
m'a paru importante à éclaircir; c'est celle de
savoir si cette dernière loi a relevé les créanciers des émigrés de la prescription qui avait
couru contre eux ? L'opinion presque générale, à Paris est en faveur de l'affirmative,
parce que le public, en général, voit la prescription de mauvais œil. Cependant il s'agit ici
non du sentiment du public, mais de l'intention du législateur, et j'espère prouver que sur
ce point on s'est totalement trompé.

LA LOI DU 27 AVRIL 1825 A-T-ELLE RELEVÉ DE LA PRESCRIPTION, QUI AVAIT COURU CONTRE EUX, LES CRÉANCIERS DES ÉMIGRÉS DONT LES TITRES SONT ANTÉRIEURS A LA CONFISCATION ?

La négative ne me paraît pas douteuse.

« La prescription, dit l'art. 2251 du code
» civil, court contre toutes personnes, à moins
» qu'elles ne soient dans quelque exception
» établie par une loi. »

Or la loi du 27 avril n'établit point d'exception en faveur des créanciers des émigrés. Donc la prescription conserve contre eux toute la force qu'elle avait auparavant.

Telle est, selon moi, la véritable, la seule manière de résoudre la question proposée. Mais outre que tous les jurisconsultes s'accordent rarement sur les questions les plus simples auxquelles une loi nouvelle donne lieu, la solution négative blesse trop d'intérêts pour qu'elle ne trouve pas de nombreux adversaires.

Sous ce dernier rapport, elle a contre elle

tous les créanciers des émigrés et tous les hommes chargés de défendre les droits de ces mêmes créanciers ; enfin beaucoup de personnes ont cru devoir se prononcer contre cette solution par un sentiment d'équité.

Sans m'occuper des motifs de chacun, sans m'établir par avance juge des raisons données en faveur des créanciers, je rassemblerai ici dans un ordre méthodique, toutes les objections qu'on m'a faites, et je m'attacherai ensuite à les réfuter. De cette manière, les deux opinions mises en présence l'une de l'autre avec tous leurs moyens, pourront être facilement appréciées.

§. Ier.

Avant d'entrer dans aucune discussion sur le point qui nous occupe, disent les adversaires de la prescription, il faut bien se pénétrer de l'idée que la prescription est toujours défavorable ; qu'elle est de droit strict, et que toutes les fois qu'il est possible de l'écarter sans blesser la loi, on doit le faire pour donner le moins de prise possible à la mauvaise foi.

Celá posé, et pour arriver à bien comprendre le texte de la loi, il faut voir dans quel esprit elle a été faite ; car ce n'est pas sous l'influence d'une prévention particulière qu'il faut la lire, c'est avec la pensée du législateur lui-même.

Or, si l'intention du législateur n'avait pas été de relever de la prescription qui avait couru contre eux, les créanciers des émigrés dont les titres sont antérieurs à la confiscation, pourquoi se serait-elle occupée des créanciers? Ceux qui par des actes conservatoires se sont maintenus dans la plénitude de leurs droits, sont en trop petit nombre pour qu'on s'en fût occupé. La loi dispose pour les cas généraux, pour les masses, et non pour des intérêts individuels, pour des particuliers. De cela seul donc que la loi s'est occupée des créances antérieures à la confiscation, il résulte qu'elle a entendu parler de toutes les créances, prescrites ou non prescrites.

D'ailleurs quel besoin les créanciers qui avaient su conserver leurs droits, pouvaient-ils avoir de l'art. 18? On est revenu de cette doctrine erronée, qui déclarait l'émigré, même rentré dans ses biens, franc et quitte de toutes dettes ou charges. L'art. 18 eût donc été une disposition oiseuse en tant qu'elle parle des créanciers antérieurs. Or les dispositions oiseuses ne se supposent pas dans la loi.

En outre, les rapporteurs de la loi d'indemnité, tant à la chambre des pairs qu'à la chambre des députés, en motivant l'art. 18 de la loi, ont formellement énoncé que des termes de cet article résultait, pour eux la conséquence que le créancier de l'émigré serait relevé de la prescription qui avait couru contre lui durant l'émigration de son débiteur. Le noble rapporteur de la chambre des pairs a été même plus loin, il a dit expressément que tel était l'avis de toute la commission. Or une commission est l'organe de la chambre qui l'a nommée, et le rapport n'est que l'expression de ce que cette commission a voulu.

Enfin il résulte du texte même de l'art. 18, que les créanciers des émigrés dont les titres sont antérieurs à la confiscation, sont relevés de la prescription qui avait couru contre eux ; car l'article n'établit aucune distinction entre les créances prescrites et non prescrites : la disposition est formelle et absolue. Or il est de principe que où la loi ne distingue pas, il n'est pas permis de distinguer.

Ainsi la nature même de l'exception qui résulte de la prescription, l'intention du législateur et le texte de la loi, s'opposent à ce que l'émigré puisse opposer la prescription à ses créanciers.

Mais il y a plus, si toutes ces raisons, déduites de la loi même qu'il s'agit d'interpréter, ou

de ses circonstances, ne militaient pas en faveur des créanciers, la raison et la justice, plus
fortes que toutes les lois, réclameraient pour
eux.

Quels sont en effet les motifs qui ont fait
établir la prescription dans le droit commun ?

1º. La présomption de paiement.

2º. L'intention de forcer le créancier à faire
des actes conservatoires de ses droits.

3º. L'intention de diminuer le nombre des
procès.

Or, dans l'espèce, que doit-on présumer ?

1º. Que l'émigré fugitif et dépouillé a été
mis dans l'impossibilité de s'acquitter, ou qu'il
a payé.

2º. Que le créancier, par suite d'un ordre
de choses qui sort de la loi commune des évé-
nemens humains, n'a pu réclamer son paiement, ou qu'il a été négligent.

3º. Que l'intention de diminuer le nombre
des procès n'ayant pas empêché le législateur,
pour fixer le droit des héritiers, de se reporter
au moment du décès de l'auteur émigré, ceux
qui jouissent du bienfait de cette disposition
ne peuvent opposer à leur créancier une con-
sidération qui les eût eux-mêmes exclus, si on
l'eût écoutée.

Ou que, nonobstant ce bénéfice exceptionnel de la loi, les héritiers peuvent repousser par le droit commun les créanciers de la succession.

Si, comme la raison et la justice le disent assez, on ne peut, dans le cas particulier de l'émigration, supposer le paiement de la part du débiteur, et la négligence de la part du créancier ; si le législateur a voulu qu'un grand principe de justice, *rendre à chacun ce qui lui est dû*, l'emportât, non pas seulement sur la crainte de faire naître des procès, mais sur la crainte de réveiller des passions politiques depuis peu assoupies, et un conflit d'intérêts aussi nombreux qu'ombrageux, qui osera dire que le créancier de l'émigré peut être écarté par la prescription ?

Où la raison de la loi cesse, la loi doit cesser aussi. Ce principe est incontestable. Ainsi, par exemple, quelque absolus que soient les termes d'une loi qui règle la prescription, quoique cette loi dise formellement qu'on ne pourra repousser l'exception résultant de cette prescription par l'exception résultant de la mauvaise foi du prescrivant, il n'en est pas moins certain, et les docteurs ont soutenu qu'au cas de mauvaise foi formelle et évidente, la prescription n'avait pas lieu.

Pourquoi les docteurs ont-ils donné cette

solution ? C'est que dans l'institution de la prescription le législateur suppose paiement, bonne foi, esprit de propriétaire, etc., etc. ; et que du moment où il devient évident que rien de tout cela n'existe, la prescription ne saurait avoir lieu, la présomption disparaissant devant la vérité et l'effet cessant avec sa cause: D'où il faut conclure, pour le cas qui nous occupe, qu'aucun des motifs qui autorisent la prescription dans le droit commun, ne s'appliquant aux poursuites que les créanciers des émigrés exercent aujourd'hui contre leurs débiteurs, ceux-ci ne peuvent invoquer cette exception.

Enfin, quand on ne trouverait pas dans le droit les raisons qui doivent faire résoudre la question en faveur des créanciers, les émigrés devraient puiser ces raisons dans leur conscience.

Que disaient-ils, lors de leur rentrée, aux créanciers qui s'adressaient à eux ? « Nous » sommes ruinés, nous ne pouvons rien, at- » tendez ; et si un jour nous rentrons dans nos » biens, nous n'oublierons pas les ménage- » mens dont vous avez usé envers nous, les » délais que vous nous avez accordés. »

Ce jour est venu, et les émigrés se feraient un titre de la condescendance, de l'humanité de leurs créanciers pour les repousser, pour vivre dans l'aisance tandis que ceux-ci seraient dans la misère! Un pareil système est insoutenable devant un honnête homme, et il n'est pas nécessaire d'être jurisconsulte,pour savoir ce qu'on doit en penser.

§. II.

On a dit souvent que la raison était laconique et l'erreur prolixe. Cet apophtegme est assez généralement vrai ; il ne faudrait pourtant pas en conclure que la réponse aux argumens du paragraphe précédent ne vaut rien. La solution de la question dont il s'agit est tout entière, comme je l'ai déjà dit, dans l'art. 2251 du Code civil, et dans le silence de l'art. 18 de la loi du 27 avril. Tout ce qui me reste à dire n'est pas la solution même de la question, mais une réponse aux objections qu'on lui oppose, ce qui est fort différent. Si donc cette réponse est taxée de prolixité, c'est à ceux qui la font naître qu'il faut s'en prendre.

Et d'abord sur la prétendue défaveur attachée à la prescription, je pourrais dire qu'on a toujours distingué entre la prescription à l'effet d'acquérir, et la prescription à l'effet de se libérer ; qu'autant la première a été vue de mauvais œil, autant la seconde a paru favo-

rable aux jurisconsultes les plus difficiles sur
les conditions nécessaires dans le prescrivant;
enfin, que c'est la prescription à l'effet de se
libérer qu'invoquent les émigrés. Mais je serai
plus sincère, et je dirai que cette prétendüe
défaveur est un de ces préjugés qui sont plutôt
la suite du droit canonique que du droit civil,
de la raison coutumière, récusée sur ce point
par notre nouveau droit, que de la raison
écrite. Quant à la jurisprudence de doctrine,
c'est aussi pour elle une question fort douteuse,
de savoir si la prescription est ou non défavorable. Cujas, Pothier, Raineval, Dupuy et
autres, la considèrent, il est vrai, comme
une pure invention du droit civil, odieuse, et
qu'il faut restreindre le plus possible; mais
Puffendorff et Vatel, mais Werlhoff et Dunod, mais Merlin et une foule d'autres, la considèrent comme fondée, les uns sur le droit
naturel, les autres sur le droit des gens : d'où
ils ont conclu qu'elle profitait aux étrangers,
opinion qui a prévalu. D'ailleurs si la prescription est défavorable, « pourquoi est-elle re-
» çue par toutes les nations comme essentielle
» à la sûreté des patrimoines, ce qui l'a fait
» appeler *la patrone du genre humain* (1)? »

______

(1) Conclus. de M. l'avocat-général Gilbert, 25 juin 1728:
Il y a des jurisconsultes qui à leur insu ont soutenu le pour

Laissons donc de côté ces préventions en sens contraire avec lesquelles certains esprits envisagent les principes fondamentaux de notre droit. L'institution, bonne ou mauvaise, de ces principes, ne peut tomber sous la critique du jurisconsulte, qu'autant qu'il fait un traité *ex professo*; mais du moment où elle est sanctionnée, et qu'il s'agit d'en faire l'application à un cas particulier, le jurisconsulte doit se borner à l'appliquer avec discernement; et, pour parvenir à ce but, la première règle de toutes est en effet de bien constater l'intention du législateur.

Ceci m'amène naturellement à examiner si, dans la présentation et la discussion de la loi du 27 avril, il s'est véritablement offert des circonstances d'où l'on puisse induire que le

---

et le contre : tel est Grotius. « Ce droit, dit-il en parlant de » la prescription, n'a été introduit que par la loi civile ; le » temps en effet n'a par sa nature aucune vertu productrice, » et rien ne se fait par le temps, quoique tout se fasse dans le » temps. » Mais cette subtilité se trouve un peu affaiblie par le passage suivant : « Entre ceux qui n'ont d'autre loi com- » mune que le droit naturel, la longue possession est un bon » titre à alléguer. » La prescription n'étant autre chose qu'une longue possession, on pourrait demander à Grotius qu'est-ce qu'un droit purement civil, connu et justement invoqué sous l'empire *exclusif* du droit naturel.

pouvoir législatif a voulu, par l'art. 18, relever de la prescription les créanciers des émigrés dont les titres sont antérieurs à la confiscation.

On cite, pour l'affirmative, deux passages des rapports faits aux deux Chambres sur la loi dont il s'agit. Avant de les examiner, voyons quelle était la position des créanciers lors de la présentation du projet de la loi.

Les créanciers des émigrés ont toujours été considérés sous deux rapports, ou comme pouvant exercer leurs droits contre l'état *héritier bénéficiaire* (1) de leur débiteur, ou comme pouvant les exercer directement contre le débiteur lui-même. Sous ce double rapport, ils ont pu encourir deux déchéances, l'une envers l'État en ne faisant pas la production de leurs titres dans les délais fixés (2) par les lois révolutionnaires, l'autre envers l'émigré lui-même en ne faisant pas les actes conservatoires voulus par le droit commun, pour ne pas laisser prescrire leur débiteur.

Aux yeux de l'État, tout créancier des confiscataires qui n'avait pas été liquidé et payé en 1810, était déchu; il était, à cet égard, sous

______

(1) Je me sers de ces mots pour plus de laconisme.
(2) Voyez le *Manuel de l'Émigré*.

l'empire *du droit spécial,* et repoussé par *une exception spéciale.*

A l'égard de l'émigré lui-même, le créancier n'a jamais été déchu il est vrai de son droit tant qu'il n'a pas été payé; il est resté sous l'empire de la loi commune, et l'obligation naturelle de son débiteur a subsisté; mais celui-ci a pû le repousser par l'exception résultant des prescriptions établies dans *le droit commun* (1).

Ces deux points, que les partisans des créanciers des émigrés ne s'aviseront pas, je pense, de me contester, étant bien établis, examinons les passages des deux rapports qu'on oppose aux émigrés.

M. Pardessus a dit à la tribune : « La *même* » *justice* qui rend au débiteur ce que la con- » fiscation lui avait ravi, relève le créancier » des déchéances qu'il avait encourues par » l'effet de la *même confiscation.*

» Si la dette est légitime, *si des exceptions* » *fondées sur le droit commun* ne peuvent » lui être opposées, il ne sera point repoussé

____

(1) Quoique ce droit du créancier des émigrés ait été contesté par des jurisconsultes recommandables, je le suppose établi sans conteste, parce qu'il me paraît d'accord avec les principes.

» *par les exceptions spéciales que le système*
» *des confiscations avait créées ; exceptions*
» qui doivent cesser, à l'égard du créancier,
» dès que les effets de ce système cessent à
» l'égard du débiteur. »

D'après ce passage, l'opinion de l'honorable rapporteur était que, pour que les créanciers des émigrés pussent faire opposition à l'indemnité,

1°. La dette devait être légitime ;

2°. Elle devait être telle, qu'on ne pût lui opposer des exceptions fondées sur le droit commun.

Par conséquent elle ne devait pas être prescrite. Que fait donc la loi pour le créancier dans l'opinion du noble rapporteur? Elle le délivre *de l'exception spéciale que le système des confiscations avait créée ;* en d'autres termes, elle le relève de sa déchéance comme créancier de l'État. Voilà évidemment ce qui résulte de la lettre de ce passage, sur lequel nous reviendrons en examinant le texte même de l'art. 18 (1).

Ainsi, bien loin que les créanciers pussent tirer parti de l'opinion de l'honorable rapporteur, elle deviendrait une arme que l'émigré

____

(1) Voyez page 23.

pourrait leur opposer, si l'opinion d'un rapporteur étant nécessairement l'expression des sentimens de la commission, l'était par suite des sentimens de la Chambre, ce qui est inadmissible.

Mais lors même que M. Pardessus aurait émis une opinion contraire, lors même qu'en thèse générale l'opinion d'un rapporteur serait l'expression vraisemblable de celle de la Chambre, on ne pourrait en tirer aucune induction favorable aux créanciers des émigrés.

En effet, M. Petit-Perrin ayant proposé à la Chambre de relever, par une disposition expresse, les créanciers antérieurs à la confiscation, de la prescription qui aurait couru contre eux, l'amendement a été rejeté.

Ce serait à mon avis une singulière manière d'argumenter, que de supposer au législateur l'intention d'établir un droit, lorsque tout, au contraire, semble annoncer qu'il s'est refusé à le reconnaître.

Cependant, loin de me faire une arme et du rejet de l'amendement de M. Petit-Perrin, et de l'opinion si grave de M. Pardessus, j'avouerai ingénument que cela ne peut en rien influer sur la décision de la question qui nous occupe.

Le rejet d'un amendement équivaut souvent,

de nos jours, aux décrets de *il n'y a pas lieu
à délibérer,* que rendaient nos assemblées lé-
gislatives avant la restauration ; et comme le
disait en 1792 un des premiers jurisconsultes
de l'Europe, « rien de plus équivoque, rien
» de plus incertain que le sens dans lequel une
» assemblée délibérante déclare *qu'il n'y a
» pas lieu à délibérer sur une proposition* ;
» l'expérience le prouve tous les jours. Une
» pareille déclaration peut être et très souvent
» est en effet motivée par des considérations
» diamétralement opposées : les uns veulent
» qu'il n'y ait pas lieu à délibérer, parce qu'ils
» blâment le fond de la proposition ; les autres
» veulent la même chose, quoique la proposi-
» tion leur plaise, mais parce qu'elle leur pa-
» raît inutile, soit que déjà elle soit renfermée
» dans d'autres propositions précédemment
» adoptées, soit que la chose soit trop simple
» pour avoir besoin d'une décision expresse.
» Dans ce concours de motifs possibles, quel
» est l'homme qui peut assigner au juste celui
» qui a prévalu ? » (*Questions de droit, Ex-
clusion coutumière,* §. II, p. 467, col. 1,
alin. 2.)

Telle est la doctrine de Merlin, et certes on
ne récusera pas ici son autorité comme celle
d'un homme qui se serait par système montré

favorable aux émigrés; sa soumission absolue aux lois l'a forcé trop souvent d'invoquer contre eux toute leur rigueur.

Si le rejet d'un amendement par la majorité d'une Chambre, et après une longue discussion, ne prouve rien, que faudra-t-il dire de l'opinion d'une simple commission appelée à préparer la loi? que faudra-t-il dire de la tolérance d'une chambre qui, *avant toute délibération*, laisse à un rapporteur la liberté d'exposer le vœu de la commission qui l'a nommé? Il faudra dire que cette opinion, ce vœu d'une part, cette tolérance de l'autre, prouvent encore moins que le rejet d'un amendement, et qu'on n'en saurait rien inférer en faveur des créanciers des émigrés. C'est là raisonnement qu'il faut appliquer au passage invoqué du discours de M. Portalis; les termes dont s'est servi le noble rapporteur, sont aussi clairs, en sens contraire, que ceux employés par l'honorable rapporteur de la Chambre des Députés.

« Votre commission, disait M. le comte
» Portalis, aurait désiré que l'article eût dit
» en termes exprès, que la prescription n'avait
» pu courir contre les créanciers d'un émigré
» durant le temps de l'émigration de son débi-
» teur; mais elle a été unanimement d'avis que
» le texte de la loi le disait implicitement, et

» qu'il y avait lieu, d'ailleurs, à l'application
» de cette maxime du droit : *Contra non va-*
» *lentem agere non currit prescriptio.* »

Le noble rapporteur oubliait sans doute;
1°. que l'application du principe : *contra non*
valentem agere, etc., est une chose qui souffre beaucoup de difficultés dans notre droit,
vu la disposition précise de l'art. 2251;

2°. Que jamais les créanciers des émigrés
n'avaient été mis dans l'impossibilité *légale* ni
réelle d'agir contre leurs débiteurs.

Nous reviendrons sur ces deux points (1).
Cependant qu'on ne s'étonne pas du reproche
d'erreur que je me permets d'adresser à un législateur; ce n'est pas la première fois qu'un
rapporteur, en présentant une loi, se serait
mépris sur le sens ou l'application des textes
et des principes qu'il avait occasion de citer.
Rien assurément ne mérite plus de crédit, en
fait d'interprétation légale, que les motifs du
Code civil; et cependant plus d'une fois on a
vu les auteurs de ce glorieux monument du
XIXᵉ. siècle, oublier la route nouvelle qu'ils
nous avaient eux-mêmes tracée, pour suivre
celle qu'une longue habitude leur avait rendue
familière.

---

(1) Voyez page 31, 2°.

·C'est ce qu'on peut voir dans le rapport du tribun Duveyrier sur l'art. 1571, dans celui du tribun Siméon sur l'art. 1449. L'un parle, comme particulière au mari et à la femme, et soumise à la loi du divorce, d'une disposition que la loi applique textuellement aux héritiers, et dans tous les cas de dissolution du mariage; l'autre restreint outre mesure les droits de la femme séparée de biens (1). Mais le passage cité fût-il inattaquable en principe général, les deux commissions et les Chambres elles-mêmes se fussent-elles prononcées hors du texte de la loi en faveur des créanciers, l'intention du législateur ne serait point établie, on n'aurait encore que l'opinion des deux Chambres; car, dirai-je encore comme M. Merlin dans une occasion à-peu-près semblable : « cette inten-

» tion, il ne suffit pas qu'elle ait été dans l'es-
» prit des membres de l'Assemblée nationale
» pour qu'elle eût force de loi, et surtout pour
» qu'elle pût modifier une disposition aussi
» formelle que celle (*de l'art.* 2251), il faudrait
» qu'elle eût été rédigée en forme (*d'amende-*
» *ment*) positif; que cet *amendement* eût été

____

(1) Si ma mémoire me sert bien, on trouve de pareilles inexactitudes dans le rapport fait par M. Tarrible, sur les Conventions.

» présenté à la sanction du Roi ; que le Roi
» l'eût effectivement sanctionné ; et que, de-
» venu ainsi loi, il eût été publié avec toutes
» les formes légales et constitutionnelles (1). »

Voilà donc les deux premiers argumens des
créanciers des émigrés réduits à leur juste valeur, c'est-à-dire à néant. Voyons si le texte
de la loi leur est plus favorable, et cherchons,
comme eux, quel peut être le motif de l'art 18.

Qu'étaient aux yeux de l'État les émigrés et
leurs créanciers ? Des hommes injustement dé-
pouillés, les uns pour avoir fui, les autres pour
n'avoir pas produit leurs titres dans un délai
déterminé.

La même confiscation les avait frappés,
comme l'observe M. Pardessus, *la même justice* devait leur être rendue, comme le dit encore l'honorable rapporteur. Pour que justice
égale fût rendue, il fallait, d'une part, rendre
aux émigrés leurs biens ou leur valeur, de
l'autre, relever les créanciers de la déchéance
prononcée par le décret du 25 février 1808.

Si l'État se fût contenté de se reconnaître

____

(1) M. Merlin observe qu'il ignore ce qui a été jugé dans
l'affaire où il avait donné la consultation dont ce passage est
extrait, mais qu'une foule de jugemens et d'arrêts intervenus
depuis en ont admis les principes.

débiteur des émigrés, il n'aurait pu, sans une contradiction manifeste, recevoir les oppositions de leurs anciens créanciers, car il avait formellement déclaré que ces créanciers n'existaient plus.

Il est douteux qu'en recourant aux tribunaux les créanciers eussent été plus heureux; car outre que la jurisprudence des cours du royaume n'était pas constante sur la question de savoir si les émigrés étaient tenus de leurs anciennes dettes, une ordonnance du 21 septembre 1819 avait statué que l'autorité judiciaire n'était pas compétente pour décider si les biens séquestrés sur un émigré, et qui ont été restitués à son fils par un décret, l'ont été avec la charge de payer les créanciers.

Donc, rendre aux émigrés la valeur de leurs biens n'était qu'une demi-justice; pour que la justice fût égale, complète, il fallait que l'État, reconnaissant aussi les droits des créanciers confiscataires, les relevât de la déchéance qu'ils avaient encourue à son égard: C'est ce qu'il a fait dans l'art. 18 de la loi du 27 avril, dont voici le texte.

« Les oppositions qui seraient formées à la
» délivrance de l'inscription de rente par les
» créanciers des anciens propriétaires *por-*
» *teurs de titres antérieurs à la confiscation,*

» *non liquidés et non payés par l'État*, n'au-
» ront d'effet que pour le capital de leurs
» créances. Les anciens propriétaires ou leurs
» représentans auront droit de se libérer des
» causes de ces oppositions, en transférant
» auxdits créanciers, sur le montant de la li-
» quidation en rente de trois pour cent, un
» capital nominal égal à la dette réclamée.

» Les créanciers exerceront leurs droits sui-
» vant le rang des priviléges et hypothèques
» qu'ils avaient sur les immeubles confisqués.

» L'ordre et la distribution, etc. »

On voit que cet article ne s'occupe que des créanciers antérieurs à la confiscation, parce que ceux-là seuls avaient été soumis aux lois révolutionnaires; ceux-là seuls avaient encouru la déchéance prononcée par le décret du 25 février 1808; ceux-là seuls en un mot avaient subi la confiscation. Tous les autres créanciers restant dans le droit commun, la loi du 27 avril n'avait pas à s'en occuper.

En outre, la loi ne s'en est occupée qu'en égard à la déchéance qu'ils avaient encourue par les décrets révolutionnaires. C'est ce qui résulte évidemment de ces mots, *non liqui-dés et non payés par l'État*. Les rapports du créancier avec l'émigré ne la touchent pas, je dirai plus, ne la regardent pas, puisque ces rapports ont été déjà fixés par l'art. 14 de la loi du 5 décembre 1814, et par des ordonnances subséquentes (1), qui englobant provisoirement tous les créanciers des émigrés dans une même disposition, les ont autorisés à faire des actes conservatoires, sauf aux autorités judiciaires ou administratives à avoir tel égard que de raison à leurs réclamations. Les seuls rapports donc qu'eut à régler la loi du 27 avril, étaient ceux du créancier avec l'administration, et c'est ce qu'elle a fait. Toujours par suite du même esprit de justice, elle refuse au créancier les intérêts comme à l'émigré les fruits (2), et garantit au premier ses priviléges, comme au légitimaire ses droits successifs. L'un et l'autre remontent pour discerner leur droit, au moment de la violation, contrairement à la loi commune, et restent soumis, pour l'exercice de ce droit, à l'empire de la même loi. Ainsi le créancier dont le titre est prescrit sera valablement repoussé, comme l'héritier qui ayant renoncé le sera valablement par ses cohéritiers acceptant. (Art. 7.)

Enfin de même que l'émigré ne touche qu'en trois pour cent la valeur de ses biens, le créan-

---

(1) Voyez *le Manuel de l'Émigré*, pag. 297.
(2) Rapport de M. de Martignac.

cier ne touchera qu'en trois pour cent le montant de sa créance.

Mais il y avait une autre raison pour que la loi s'occupât des créanciers, c'est que les rentes sont insaisissables, et qu'il fallait une disposition expresse pour donner à d'autres qu'aux titulaires le droit de les toucher. Donc, il n'est pas vrai que le législateur, en statuant sur les droits des créanciers, ait eu en vue des intérêts individuels; car elle a consacré en principe général, que le droit de saisir les trois pour cent appartiendrait aux créanciers antérieurs à la confiscation, sauf à ceux qui se présenteraient à prouver devant les tribunaux qu'ils sont véritablement créanciers, la loi ne pouvant pas s'enquérir de la négligence ou de l'inexactitude des intéressés (1):

____

(1) La nature insaisissable des rentes sur l'État aurait fait désirer que le législateur se fût expliqué sur le droit des créanciers postérieurs à la confiscation. Il est bien vrai que la tournure du §. 1er. de l'art. 18 fait supposer que le législateur a considéré tous les créanciers comme ayant droit de former opposition, et qu'il a réduit les créanciers antérieurs seulement au capital de leur créance. Il est bien vrai que l'art. 56 de l'ordonnance du 8 mai désigne formellement les créanciers postérieurs; mais tout cela n'est pas suffisant pour établir un droit, et il n'est que trop facile de prévoir que l'incertitude de la loi sur ce point donnera lieu à plus d'un procès.

Pour me résumer, je dirai que l'unique intention de la loi est évidente : *égaliser autant que faire se pourra le sort du créancier et celui du débiteur.* Mais que serait devenue cette égalité, si le législateur eût relevé le créancier de la prescription qu'il avait encourue en vertu du droit commun ? Cette égalité eût été entièrement détruite, par la raison, claire pour tout le monde, que l'émigré n'a pas été relevé de la prescription qui avait couru contre lui durant son émigration.

Quoi ! l'émigré ne pourrait prescrire, et on prescrirait contre lui ; la prescription serait une arme puissante dans les mains de ses adversaires, et elle se briserait dans les siennes ! Un pareil système est aussi contraire à la rigueur des principes qu'aux premières notions de la raison.

Je le répète, personne n'oserait soutenir qu'un émigré a le droit d'exhumer de ses archives de famille de vieux titres, pour faire valoir contre des créanciers non émigrés des droits depuis long-temps prescrits ; et c'est cependant ce qu'il faudrait soutenir pour relever le créancier de la prescription qui a couru contre lui.

D'ailleurs voyez le dédale dans lequel un pareil système nous jetterait.

'Si l'émigré est relevé de la prescription comme son créancier, le sera-t-il contre tous ses débiteurs indistinctement, ou seulement contre ceux qui ont émigré ?

Dans ce cas, ou lors même que le créancier de l'émigré serait seul relevé, la prescription aura-t-elle été interrompue, ou seulement suspendue par la confiscation ? Qu'elle ait été interrompue ou suspendue, de quand aura-t-elle recommencé à courir ? Est-ce du jour de la rentrée de l'émigré ? Est-ce du jour où on lui a rendu ses biens, ou est-ce du jour où la loi du 27 avril a été promulguée ? Les mauvaises raisons ne manqueront pas pour soutenir chacune de ces opinions. Enfin cette faveur accordée au créancier s'appliquera-t-elle à toute espèce de prescription ? Ainsi violation de la loi, injustice, procès interminables; tous les fléaux de la justice humaine sortent du système qu'on s'efforce d'établir.

J'en aurais trop dit sans doute, si cet écrit s'adressait seulement aux jurisconsultes éclairés : ils savent mieux que moi ce qu'il faut penser de la question ici débattue; mais mon but étant d'éclairer les émigrés sur leurs véritables droits, et de tenir leurs créanciers en garde contre l'erreur ou l'avidité de ceux qui les poussent à s'engager dans une suite de pro-

cès indéfinie, j'acheverai de réfuter les argumens de ceux qui se prétendent défenseurs
de leurs intérêts.

On dit, 1°. l'émigré était dépouillé et fugitif, il n'a pu payer.

2°. Le créancier a été détourné de demander son paiement, tout au moins par une
crainte légitime.

3°. L'intention de diminuer le nombre des
procès ne peut être arguée; car la loi, pour être
juste, à évidemment ouvert la porte à cet abus.

1°. L'émigré était fugitif et dépouillé; mais
où a-t-on vu que l'absence et la pauvreté du
débiteur suspendissent la prescription en faveur du créancier ?

N'est-il pas constant que dans le droit an-
cien, intermédiaire et nouveau, la peste, la
famine, l'invasion de l'ennemi, la guerre civile, lors même qu'elles suspendaient l'administration de la justice, ne suspendaient pas la
prescription (1)? N'est-il pas constant que la

______

(1) Voyez Dunod, *Traité de la prescription*, loi du 28
primaire an VIII, lors de l'invasion du territoire de Va-
lenciennes; loi du 22 août 1793, relative aux troubles des
départemens de l'Ouest; loi du 16 germinal an III, relative
aux individus poursuivis révolutionnairement; loi du 6 brumaire an V, relative aux militaires en activité de service.

prescription court en faveur d'un étranger dans le temps même que dure la guerre entre la France et la puissance dont cet étranger est sujet (1)?_ Chaque fois qu'on a jugé convenable de suspendre la prescription en pareils cas, il a fallu des arrêts de règlement, des déclarations, des lois, des décrets, des ordonnances, pour opérer cette suspension.

Dans tous ces cas, le législateur s'est reconnu le droit de statuer sur le sort des créanciers par une dérogation expresse.

Pourquoi cette rigueur, dira-t-on? C'est que, outre les raisons d'intérêt public, les lois, et je n'entends pas parler des lois révolutionnaires, ont donné à chacun les moyens de faire des actes conservatoires de ses droits ; c'est qu'on peut poursuivre un débiteur absent aussi bien qu'un débiteur présent ; que si on néglige de le faire, on ne doit imputer qu'à soi les suites d'une pareille négligence.

2°. Mais, dit-on, le créancier de l'émigré a été retenu par une crainte tout au moins légi-

____

(1) Décret du 19 messidor an XI, qui suspend la prescription en faveur des créanciers anglais pendant la guerre.

time, de s'exposer aux furcurs révolutionnaires.

Quoi ! depuis 1800 jusqu'en 1808, la France
n'a-t-elle pas été calme ? Qui empêchait le
créancier de se faire payer par l'État ? Mais il
a craint d'y perdre, il a mieux aimé attendre.

Je répondrai que, outre que c'est à lui à
subir le risque de la prescription qu'il s'est plu
à courir, il avait un autre moyen, c'était d'a-
gir contre son débiteur, et de prendre sur ses
biens des inscriptions qui, en cas de restitution, lui auraient profité.

« La terre de Limours, département de
» Seine-et-Oise, avait été confisquée sur la
» comtesse de Brione, en vertu des lois ré-
» volutionnaires ; ayant été ensuite réunie au
» domaine de l'État, cette terre n'a été ren-
» due que d'après la loi du 5 décembre 1814.

» La marquise de Montmorency = Laval
» avait pris une inscription sur cette terre
» pendant la durée de la confiscation, quoique
» cette formalité parût inutile. La princesse
» de Vaudemont, également créancière hy-
» pothécaire sur la même terre, ne s'est ins-
» crite que depuis la restauration.

» Un ordre s'étant ouvert pour la distri-
» bution du prix de la terre de Limours,

» vendue par licitation , à la requête des héri-
» tiers de la princesse de Vaudemont, il s'est
» agi de savoir si l'inscription de la marquise
» de Montmorency-Laval primerait celle de
» la princesse de Vaudemont.

» Pour cette dernière, on disait qu'on n'a-
» vait pas la faculté de s'inscrire sur les biens
» réunis au domaine, et qu'il y avait nullité
» par conséquent dans l'inscription de la mar-
» quise de Montmorency-Laval. Celle-ci, au
» contraire, soutenait que les hypothèques
» des créanciers sur les biens des émigrés,
» n'avaient pas été éteintes par la confiscation.
» Elle invoquait pour preuve la loi du 16 ven-
» tôse an IX. De là elle concluait que si
» son inscription était inutile pour se faire
» payer par l'État, elle était valable pour le
» cas où il s'agirait de réclamer sa créance
» contre le propriétaire à qui l'immeuble se-
» rait rendu.

» L'arrêt intervenu sur la contestation, a
» déclaré valable l'inscription de la marquise
» de Montmorency - Laval. Les motifs de la
» cour sont énoncés en ces termes :

» Considérant que les lois qui ont affranchi
» de toutes hypothèques les biens séquestrés sur
» les émigrés, n'ont statué que dans l'intérêt du
» fisc; qu'aucune de ces lois ne contient pro-

» hibition de prendre inscription sur ces
» mêmes biens, pour-le cas de la levée du
» séquestre, et pour n'avoir d'effet que contre
» l'émigré débiteur ;

» Que la loi du 16 ventôse an IX, en pro-
» rogeant jusqu'à trois mois, après la levée du
» séquestre, le délai pour conserver, par des
» inscriptions nouvelles, l'effet des anciennes
» créances sur les émigrés, a nécessairement
» reconnu et proclamé que les créanciers
» avaient eu, depuis la loi du 11 brumaire
» an VII, et conservaient toujours la faculté
» de devancer ce dernier délai par des ins-
» criptions sur les biens séquestrés, sauf à
» rester sans effet à l'égard du fisc et de ses
» acquéreurs ;

» Qu'ainsi les inscriptions prises par la mar-
» quise de Montmorency, ne pouvant être
» annulées comme prématurées, doivent avoir
» tout leur effet, etc.

» Cette décision prouve que les priviléges et
» hypothéques dont les biens des émigrés
» étaient grevés, n'ont pas cessé de subsister
» pendant qu'a duré la confiscation (1). »

____

(1) *Des Émigrés et de leurs Créanciers*, par M. Le-
page, jurisconsulte, pag. 240 et suiv.

Ce qui est vrai de l'obligation réelle , sera vrai, à plus forte raison, de l'obligation personnelle.

Qu'on vienne nous dire à présent que les créanciers des émigrés étaient retenus par la crainte légitime de s'exposer aux fureurs révolutionnaires ! Certes, la marquise de Montmorency-Laval pouvait avoir aussi cette crainte; mais elle a pris son inscription dans un temps où cette crainte n'eût plus été raisonnable , et le succès a couronné là prudence de ses conseils.

Je dis mieux, sauf les deux ou trois années de la tourmente révolutionnaire, le créancier de l'émigré était souvent plus en mesure de *conserver* ses droits pendant la confiscation qu'avant, car il avait deux débiteurs : l'État, son débiteur réel, et l'émigré, son débiteur personnel. Il avait deux voies de poursuite, la voie administrative et la voie judiciaire (1). Le relever aujourd'hui de la prescription qu'il a encourue volontairement, c'est lui accorder une faveur sans motif, c'est réveiller des con-

---

(1) Tout le monde peut avoir la preuve que des créanciers, à l'époque de la radiation ou de l'amnistie de leur débiteur , avaient pris les deux voies.

testations où la justice ne succombera pas, mais qui ne peuvent que porter le trouble dans les familles, en y éternisant les procès.

A cela on objecte : Le législateur n'a pas craint de donner lieu à cet inconvénient, en déclarant que les héritiers ayant droit à l'indemnité, seraient ceux du jour du décès, donc on ne peut pas supposer que cette crainte l'ait détourné de relever les créanciers de la prescription.

Mais d'abord c'est une manière fausse d'argumenter, que de dire : La loi donne lieu à tel inconvénient par une de ses dispositions, il faut donc que ses autres dispositions aient le même effet.

En outre, la disposition de la loi qui veut qu'on consulte le jour du décès pour savoir qui aura droit à l'indemnité, n'est pas une disposition arbitraire, exceptionnelle ; elle était forcée, puisque toutes les lois révolutionnaires étaient censées non-avenues à l'égard de l'indemnité, et que cependant, de fait, les héritiers du jour du décès avaient été formellement écartés par ces lois. Il fallait donc déclarer que le droit spécial était à son terme, et que le droit commun reprenait son empire pour donner à chacun ce qui lui était dû en vertu du droit commun.

(.37)

Mais par-là même que le droit commun révivait, que les créanciers des émigrés, à l'égard de leur débiteur, étaient restés sous l'empire du droit commun, la loi ne pouvait les relever de la prescription établie par ce droit. Leur accorder un pareil privilége, eût été créer un droit spécial, enfin c'eût été commettre une injustice : car par cela même qu'on n'anéantissait pas la prescription qui avait couru contre les émigrés, on ne pouvait anéantir celle qui avait couru en leur faveur.

Concluons donc, en thèse générale (1), que, vu l'article 2251 du code civil, et le silence de l'article 18 de la loi du 27 avril dernier, les créanciers des émigrés peuvent être repoussés par la prescription.

____

(1) Je dis en thèse générale ; parce qu'il est des cas où le principe souffre exception. Tel est celui par exemple :

1°. Où le débiteur et le créancier auraient tous deux émigré ;

2°. Où un émigré n'aurait pas laissé d'héritiers ;

3°. Où le créancier réclamerait les arrérages d'une rente viagère, etc.

FIN.